這本書屬於

————————

U0008954

佛陀的前世故事

與大自然、動物
一起學習仁慈、友愛和寬恕

Buddhist Stories for Kids

Jataka Tales of Kindness,
Friendship, and Forgiveness

Laura Burges　　　　Sonali Zohra
蘿拉・柏吉斯｜文字　　索娜莉・卓拉｜繪圖　　李瓊絲｜譯

鹿王

獻給諾娃
一顆明亮閃耀的珍珠

不知那樹名
我置身洪水般的
清香氣味中
——松尾芭蕉

目錄

前言

　　我們稱爲佛陀的這個人出生在現在的尼泊爾藍毗尼。他姓喬達摩，名悉達多；從小他就對生命這件事感到好奇。他長大後成爲一名出色的老師，幫助人們學習如何讓自己的內心更快樂，更友善地對待他人。佛陀講過他在成爲佛陀之前許多世的故事。這些故事就稱爲《本生經》，或是「本生故事」。不論他是生爲女智者、猴子，還是一隻貓頭鷹，他都無私地設法幫助別人。佛陀雖生在兩千五百多年前，仍然透過他的故事繼續教導我們。

　　佛陀在樹下出生，在樹下覺悟，在樹下授課，在樹下死去。我認爲他從樹上學到許多東西，樹也是我們偉大的老師。樹就在自己所在的地方生長，從周圍的土壤、空氣和水中取得需要的東西。樹回報我們，提供了蔭

涼、美景、果實、花朵、藥材、動物的庇護所，最重要的是，還提供我們呼吸的氧氣。樹木彼此照顧，在地下互相餵養。它們的樹根彼此幫助、互相扶持，與土壤結合在一起。如果我們能更像樹，也許會更快樂！或許這就是佛陀要在張開枝椏的樹蔭下授課的原因。

《本生經》有五百多則故事。我非常感謝柯衛爾（E.B.Cowell）在一百多年前為這些故事編目。我選了十則故事重述，在每一則故事裡都能見到樹木的身影。既然拿這些故事作為教學題材，我盡量忠於故事的精神，但是對故事中的情節、物種和性別做了調整，希望現在的讀者看了會覺得生動有趣。請在這些書頁的庇蔭之間休息，並從這些故事的教導中做一些深呼吸。

菩提樹上的猴子

很久以前，在另一個時空，有一隻聰明的猴子媽媽。她和所生的許多孩子把他們的家安在菩提樹的樹枝之間。許多年後，佛陀就在那裡坐下，覺悟了這一世的眞理。

這隻聰明的母猴生了許多隻小猴子。她也說不清到底有多少隻，因爲牠們總是坐不住，讓她數都數不過來！有一天，他們在那棵大樹上玩耍，在心形的樹葉間盪來盪去，從這根樹枝盪到另一根樹枝，她決定是時候給孩子們上一課了。

她對他們說：「孩子們，我不再年輕了，你們也不小了。現在是時候告訴你們這個世界的運作方式，這樣你們就可以開始照顧你們的老母親了。等到時機成熟時，你們也能照顧好自己。」

小猴子們轉過小臉來聽她說話。

「孩子們，讓我問你們一件事：爲什麼我們要這麼辛苦地從林子裡的樹上摘果子？我們的鄰居天一亮就起來採水果。我們爲什麼不睡晚一點，

從他們那裡把水果拿過來？我見過人類互相搶來搶去。你們只需要躲到樹後，當你看到有猴子抱著滿懷的水果過來，就從樹後面跳出來，嚇他一跳，再把水果帶回來與家人分享！」

「可是，媽媽，萬一我們被抓到了怎麼辦？」有一個大一點的孩子問。

「只要確保做的時候沒人看到就行了！」猴媽媽回答：「你還要戴上面具，這樣就不會被認出來了！」

聽起來很有趣，對這些調皮的猴子來說是新的冒險，於是他們馬上蹦蹦跳跳地落地，四散到森林裡收集大片的樹葉，製作用來遮臉的面具。

只有一隻年齡最小的猴子留了下來。

「怎麼了，孩子？你怎麼不和你的兄弟姐妹們一起趕緊出去，照我要求的那樣做呢？」

「媽媽，我愛你，信你，你是知道的。你為我做了這麼多，你有什麼要求我都願意去做。但是我不明白你說的。」

「你有什麼不明白的，我的小傢伙？」

「你告訴我們，應該要趁沒人看的時候去偷鄰居的水果，但這做不到啊！」他說。

2

他的母親內心有點激動。「爲什麼做不到呢？」

「因爲無論我做什麼，即使四周都沒有人看到，我也能看見自己。」

猴媽媽仰頭大笑，將最小的孩子擁入懷中。

「只有你明白我的教訓。」

有一天會轉世爲佛的猴媽媽，將所有的孩子都叫過來，他們坐到菩提樹下，聽她分享這個故事。他們不好意思地互相看了看，然後一個接一個拍著這個小弟的背。

菩提樹微笑俯視這個猴子家族，樹下的猴媽媽對她的孩子們說：

> 一直去做對的事，
>
> 即使沒有人看著。
>
> 你也始終在看著。

女王犬與苦楝樹

很久以前，在另一個時空裡，住著一個驕傲的有錢人。他最自豪的是自己家院子裡的印度苦楝樹園。這些樹的樹皮、樹葉和樹籽被用來製作藥材、肥皂和乳液，它們是優雅的樹木，在天暖時散發出迷人的香氣，提供濃濃的遮蔭。這個人經常在樹林間散步，感受它們帶來的寧靜。他沒有妻子，也沒有兒女，只有苦楝樹和大宅院裡的狗陪著他。雖然如此，他還是經常感到孤單和恐懼。為了確保他的財產永久安全，他建了高牆，大門緊鎖，還養了許多僕人來保護財產。

有一天，這個人離開他的豪宅，去村子裡參加一場節慶。他的馬車一離開，身後的僕人們就小心翼翼地鎖上大門。當他回到家時，天已經黑了。大門打開，馬車停好，大門再度鎖上，這個人就去睡了。

他一覺醒來，穿上拖鞋和長袍，在越來越亮的天光下穿過他的樹園。令他感到氣悶的是，他看到許多樹苗都被毀了。大大小小的枝條掉了一地，碎葉也散落一地。仔細一看，他看到了只有狗才會留下的爪印和牙

印。他很清楚，他的寵物，他養在大宅子裡這些心愛且乖巧的狗，不可能做出這樣的事來。雖然他的心中十分悲痛，但很快地就變成了火冒三丈的大怒。

「怎麼會這樣呢？一定是村子裡的狗不知怎麼地闖了進來。」他拍了拍手，他最信任的僕人很快就過來了。

「主人，有何吩咐？」

「傳話出去，將村裡所有的狗都帶到我這裡來。有幾隻惡狗破壞了我園子裡最脆弱的樹苗。既然無法斷定這麼可怕的事是哪些狗做的，我要處罰所有的狗。只要將狗帶到我面前都會有獎勵，對牠們的懲罰也會迅速而確實。」

「可是，主人……」

「馬上去做！」

消息很快就傳開了。在遺留下的苦楝樹上築巢的野鳥聽到這個人講的話，迅速飛到女王犬那裡，將發生的事情告訴她。

女王犬這種生物長得很健美。她的皮毛像黑夜一樣烏黑絲滑。她那對深色的眼睛像星星一樣閃閃發亮，眼神可以兇猛，也可以溫柔。

她大聲吠著，把所有的狗都叫到村落邊緣的一塊空地上。

「老實告訴我，」她簡單說道：「你們之中有沒有人進到宅子裡去毀了苦楝樹？」

狗狗們互相看了看，困惑地搖了搖頭。

她相信他們。

「你們有生命危險了。」女王犬說：「要完全照我說的去做。趕快去找

一個藏身的地方，躲到山洞、空心樹或幾塊岩石後面。除非有我的消息，否則不要出來。」

　　女王犬轉過身來，向著大宅子小跑過去。她的眼睛閃閃發亮；並未向左右張望。有幾個人走近她，想著可以抓住她帶到大宅去領賞金。不過，她那敏銳的神情讓他們停下腳步，縮了回去。當她來到豪宅前，僕從們就像被催眠一樣打開大門，在她進門時向她彎腰行禮。

話說，女王犬非常聰明。她知道如果她的計畫要成功，就需要奉承這個富人。

　　「主人，」她說：「你是個聰明的人，也是個善良的人，是不是呢？」

　　「我樂意這麼想。」那人回答道。

　　「如果我能向你證明村子裡的狗是無辜的，你會讓他們活下去嗎？」

　　那人猶豫了。「那些被摧殘的枝條上有爪痕，也有牙印。對我來說這就是充分的證據。」

　　「你不懷疑宅子裡的狗？」她問。

　　他笑了。「我養的狗性情溫和，訓練有素。他們絕不會做這種事。」

　　「儘管如此，你能不能行行好，允許我問問他們？」

　　女王犬那對友好且溫柔的棕色眸子，水光閃閃地看著他，融化了他的心。

　　「如妳所願。」他輕聲說道。他叫來那些狗，他們順從地坐到女王犬面前。

　　她對第一隻狗說：「我問你，我年輕的時候很高，年紀大了變矮。我是什麼？」

　　那富人看著她。這是什麼樣的問題？

　　「我以為你會問他們的罪行！」他說。

　　「拜託，先生，您的恩准呢？」

　　她又問了一遍這個問題。「我年輕的時候很高，年紀大了變矮。我是什麼？」

　　那隻狗歪了歪頭。

　　「是蠟燭！」女王犬說。那隻狗笑了起來。

　　她轉身對下一隻狗說：「這東西越多，你看到的越少。它是什麼？」那隻狗歪了歪頭，想不出來。

　　「是黑暗！」女王叫道。那隻狗也笑了起來。她轉向第三隻狗。

　　「你能打破什麼，即使你從未拿起它或是碰觸它？」

「我不知道。」第三隻狗回答。

「是承諾！」女王大聲叫道。

就這樣，三隻狗聽了都大笑起來，笑得在地上打滾。他們笑得很厲害，開始又是咳嗽又是吐痰，突然間，從牠們的嘴裡開始嗆出樹葉、樹皮和樹籽來。

「現在告訴我，」女王柔聲說道：「你們是否違背了對這個人的承諾，一個你們從未被要求許下的承諾，一個你們會保護這個人和他的財產的承諾？因為這是我們身為狗的職責所在。」

「是的，女王，我們讓主人失望了。」這三隻狗垂下了頭。

然後，這幾隻狗跳了起來，嗚嗚叫著，搖著尾巴去找他們的主人。那人拍拍他們的頭。「你們已經承認自己做錯事。你們要保證再也不會做這樣的事了。」狗狗們吠叫著表示同意。然後他們小跑到女王犬面前，對她鞠躬。

那人說：「看得出來，妳確實是女王犬。請告訴妳的朋友，我很抱歉對他們做了不公的指控。告訴他們，我保證從今天起，他們可以自由自在地走動並且受到保護。誰也不能傷他們一絲一毫！」然後他又說：「告訴我，妳怎麼知道是我的狗破壞這些樹？」

有一天將轉世為佛陀的女王犬笑了笑，輕聲說道：「你太生氣了，氣到無法想清楚。你築了牆，大門上又加了鎖，用來保護你的財產。誰也無法翻過這些牆。」她深深地盯著他的眼睛。「記住，當你把別人鎖在外面的時候，也把自己鎖在了裡面。」

這個人滿懷謙卑。他低頭向女王犬鞠躬。

從那時起，那棟豪宅的大門經常大開，允許村子裡的人漫步其中，在不斷生長的苦楝樹下野餐。三不五時，村裡的狗也會在蔭涼的樹下休息。這個富人不再感到孤單和恐懼。他始終記得從女王犬那裡學到的：

　　　　憤怒時做出的決定很少是明智的。

林鴞拯救桃花心木林

很久以前，在另一個時空，有一棵巨大的桃花心木，樹上住著一個林鴞家庭：林鴞媽媽、林鴞爸爸，還有他們的小傢伙。有一天，小鴞的爸爸媽媽外出去覓食，正巧留小鴞獨自在巢中。他還沒學會飛，不過他有一雙銳利的眼睛；貓頭鷹的目光很敏銳是大家都知道的。他棲息在遠高於桃花心木林的樹上，看著一群大象在林子的空地上走動。

隨著下午的時間慢慢過去，天邊的雲朵開始堆聚，翻滾，隆隆作響。雲層緩緩飄過頭頂上空，小鴞感覺到了幾滴雨，打了一個寒顫。突然間，一道鋸齒狀的閃電箭矢劃破昏暗的天空。小鴞在他的巢裡撲動著。他把頭抬得高高的，轉了一圈，就是貓頭鷹都會做的那樣，但是他看不到任何父母親要回來的跡象。

「他們會在哪裡呢？」他疑惑地看看這邊又看看那邊。

又一道閃電在林中劃過，點燃一棵倒在地上的樹。一縷輕煙裊裊升起，火星四濺，燒著了乾枯的樹葉，沿著乾枯的樹皮射出。很快地，火舌

13

從一棵樹跳到另一棵樹，順著樹幹爬升到樹冠上。

象群聞到了煙味，看到了火焰，逃到附近那條寬闊的大河上。年紀大些的象甩著長長的象鼻安撫年幼的象，讓他們平靜下來，又在他們身上噴灑冷水。只有一頭小象落在後面，就在小鴉棲息的那棵樹下瑟瑟發抖。

小鴉感到害怕。他的爸爸媽媽在哪裡呢？然後他想到他們是如何照顧他，為他築了舒適的鳥巢，每天帶著食物回來給他。他們一直都很愛他，信任他。他知道，如果有辦法，他們一定會在這裡陪著他。他閉上眼睛，問他的媽媽該怎麼做。

他幾乎可以聽到她在他心中的柔聲細語。

「孩子，」她對他說：「你爸爸和我被困在遠處。我們無法穿過火焰飛回巢穴。你的翅膀現在很強壯了，就要可以飛了。張開翅膀，感受它們的力量。你必須飛到火焰之上，拯救你這條年輕的生命！」

小鴉站起身來，張開他的翅膀。令他驚訝的是，他感覺到自己的翅膀在煙霧瀰漫的空氣中升起來。突然間，他的爪子推開巢穴，飛了起來。

然後，他聽到爸爸的聲音在心中響起。

「你在森林裡的那些朋友都很害怕。有的躲在樹上，肯定會死在大火中。你能幫助他們嗎？」

然後，小鴉聽到了眾生的哭喊聲。

他聽到大象媽媽哭喊：「我的女兒在哪裡？」

他聽到昆蟲和小動物的哭叫：「誰來幫幫我們啊！」

他聽到桃花心木林大叫道：「我們樹是長得高壯，但是不如火強大。」

然後他又聽到河水大叫道：「火是很強大。但是不如水有力！」

　　父親的話和森林的哭叫聲給了小鴞力量和目標。他向著站在樹下瑟瑟發抖的小象飛去。他喊道：「跑到河邊去！水比火厲害！」

　　「我做不到！」小象哭道：「我好害怕！你不能幫幫我嗎？」

　　小鴞知道他應該怎麼做了。他感覺到自己翅膀的力量和心中的力量。他的眼睛像銀子一樣閃閃發亮，他飛到河邊，俯衝下去，打溼自己的羽毛，再飛回來把水滴灑在小象身上。儘管他的任務似乎毫無希望，但他還是一次又一次飛回河邊。他一次只能灑下幾滴水，先是灑在小象身上，再灑在熊熊燃燒的大火上。他俯衝，旋轉，穿過煙霧和火星，把小水滴灑在這座森林，也是他的家之上。水滴像淚水一樣從他的翅膀上落下，眨眼間從空中滴落到下面的樹上。火舌舔著樹葉，威脅著小鴞，但他還是繼續，下定決心拯救森林裡的樹木和動物。天空中的雲朵俯看著小鴞，這隻小鳥的勇敢令它們感到驚奇。小鴞一次又一次地回到河邊，在水中浸溼自己的羽毛，繞回火場，把水滴灑在熊熊燃燒的火焰和受驚的小象身上。

　　天上的雲被小鴞的勇敢所感動，於是開始哭泣。火焰怕了小鴞的力量和勇氣，開始逃跑。雨落了下來，涼涼的，一大片一大片，但小鴞仍孤身繼續與火焰搏鬥。雨水從雲端傾瀉而下，淋溼了小象。小象晃了晃身體，

小跑到河邊去找她媽媽。勇敢的小鶇始終不放棄，繼續打溼自己的翅膀，把水灑在下方漸漸熄滅的火苗上。最後，大火熄滅了，森林裡重新恢復了平靜。

筋疲力竭的小鶇回到自己的巢裡，鳥巢並未受到大火波及。林子裡一片綠蔭與清涼，雨滴從桃花心木上滴下來，落到熱氣蒸騰的土地上。一些

樹上的黑痕顯示出大火禍害過的地方。在河邊，大象媽媽對小象噴灑涼水，小象樂得直搧耳朵。小鶉喘了口氣，看到他的爸爸媽媽出現在灰色的天邊，滑翔著回到他身邊，他們的臉上閃耀著自豪的光芒，爲自家孩子所做的事感到驕傲。從那時候起，有一天會轉世爲佛陀的小林鶉就懂了：

每個人都可以做出改變。
每一個小小的改變都可以累積成
改變世界的大變化。

17

娑羅樹的祕密

很久以前，在另一個時空，在廣大的森林邊緣有一座銀色宮殿，裡面住著一位有權有勢的王公和他的妻子。他們有四個孩子，兩女兩男，不過這對皇室夫婦把自己看得很重，很少花時間和他們的孩子相處。皇室的園丁是個聰明的老婦人，她很疼愛這幾個孩子；他們在皇家庭園裡爬樹，在散發著香氣的灌木叢中玩捉迷藏，在園丁工作時坐在她身邊的草地上，度過了許多快樂的時光。她一邊照料花園，一邊為他們編織精彩的故事，故事充滿著神祕的色彩，也充滿了趣味。

早春裡的某一天，當樹木開始迸發新的生命，園丁告訴他們林子深處有一棵神奇的娑羅樹。

「它有什麼特別的呢？」大女兒問。

「這個嘛，孩子，這棵樹很神奇。只有心地純潔的人才看得見它。」

孩子們聽了大笑，他們開始嘰嘰喳喳聊起來。一個個都很好奇，想知道他們是否看得見那棵樹。「妳看得到那棵樹嗎？」他們問園丁。

「看得到，孩子們。我們是多年的朋友了。我每次去探望它時總能見到。」

年紀最小的男孩問：「我們可以現在就去看它嗎？」

「仔細聽好了，孩子們，」聰明的園丁回答：「每三個月我會帶你們其中一個人去看它。到了年底，你們就會知道娑羅樹的祕密了。」

年紀最大的女孩說：「我的年紀最大，妳會先帶我去嗎？」

「會的，親愛的，明天我就帶妳去看。但是我有一個條件。你們必須保證，在每個人都有機會見到娑羅樹之前，不准談論你們看到的東西。」

孩子們同意守住這棵神祕樹的祕密，且十分激動地期待踏進那座蒼翠森林的旅程。

在一個美麗的春日清晨，太陽升起來了。園丁留下三個孩子去玩他們的遊戲，領著大女兒走進樹林。他們走了很久，東聊聊西聊聊，當他們踏入一片空地時，兩人陷入一陣沉默。

「我看得見它！」女孩喊道。

那裡立著一棵參天大樹，樹形完美，樹枝高高地伸向藍天。每根樹枝上長滿綠芽，一閃一閃亮晶晶的，充滿了生命力。女孩站在那裡，驚奇不已。他們輕手輕腳地穿過森林回到宮殿，女孩遵守了她的誓言，不理弟弟妹妹們的乞求，絕口不提那棵樹。

時間慢慢過去，春天變成夏天，很快就輪到大男孩了。一大早，聰明的園丁遵守承諾，帶著他出發前去森林。他們一走近那棵樹，男孩大喊道：「我看得見它！」

但他見到的樹與他姐姐所見的大大不同。這棵樹色彩繽紛炫目，樹上綻放著花朵，看起來像火焰的葉子，有紅有金有黃，直衝雲霄。男孩簡直不敢相信自己的眼睛。那情景就好像他們在看一團熊熊燃燒的烈火。他也對他看到的一切保持沉默。

夏去秋來時，輪到小女兒了。當她和園丁去看那棵樹時，枝頭結滿一串串細長的紫色果實，壓得沉甸甸的。這幅迷人的景象讓女孩透不過氣，說不出話來。

最後，到了冬天，輪到年紀最小的男孩。聰明的園丁問他是否準備好冒險進入森林去探看娑羅樹。說實話，男孩有點害怕，因為他以前從未進去過黑暗的森林。但是聰明的園丁牽著他的手，她那溫暖而有力的一握讓他打起精神來。

當他們來到樹下時，只看到光禿禿的樹枝東歪西扭。「我看得見它。」男孩說著，失望地嘆了口氣。「但沒有什麼好看的。」

不過他是個聰明的孩子，想像力豐富，他很快就發現這些光禿禿的樹

枝有很多可能性。他想像用鮮艷的絲綢布料製出五顏六色的小鳥掛在樹上，很快地，在他的腦海裡，各式各樣的裝飾品讓這棵看似死氣沉沉的樹重新變得生機勃勃。他抬頭看了看這位朋友，爲他所見到的美景，簡單的對園丁說：「謝謝妳送我這份禮物。我會永遠珍惜它。」

小男孩和園丁回到宮殿後，孩子們都迫不及待地想打破沉默，講述他們看到的一切。每個人都想知道別人的心地是否純潔。他們坐在草地上，就在一棵金合歡樹的樹蔭下，那棵樹張開著大傘，樹上開滿毛茸茸的黃花。

年紀最大的女孩興奮地說，她的的確確看到了那棵神奇的樹。她形容她見到的那棵樹，樹上迸出晶亮的綠芽。大男孩不耐煩地說：「不對，妳看到的肯定是另一棵樹！我看到的那棵樹是紅色、金色和黃色的，彷彿熊熊燃燒的火焰。」

妹妹則憤憤不平。「你們兩個都錯了！你們沒看到那一簇簇芳香的紫色果實嗎？」

年紀最小的男孩笑著說：「你們是看我年紀最小就想騙我嗎？樹枝長得歪歪扭扭、光禿禿的，在我的腦海裡，我用想像中的裝飾品去裝飾它們！」

　　他們都疑惑地看著這個聰明的老園丁，這個園丁有一天將會轉世爲佛陀。她那張滿是皺紋的臉上露出笑容，那張臉看起來就像老樹的樹皮。她那雙明亮的眼睛像黑色寶石一樣熠熠生輝。突然間，孩子們爆笑出聲。他們明白了眞相。

　　「沒錯，親愛的，你們已經猜到了這個祕密。你們每一個人看到的都是同一棵樹，只是在不同的季節看到。春天的時候，它迸發出新生命。夏天的時候，它開出明艷花朵。秋天的時候，它熟成結出纍纍的果實。冬天的時候，它漸漸沉入幸福滿滿的睡眠。這也是我們人生的故事，每個生命都有它的四季。心地純潔的人充分熱愛每一個季節，且時時刻刻充實地過著每個季節，並在適當的時候放手。你們都是心地純潔的人。要永遠珍惜娑羅樹的祕密。

　　　　　　　　這世界上的一切都會變。

鸚鵡與無花果樹

很久以前，在另一個時空，有一條閃閃發亮的河流，河邊有一棵漂亮的無花果樹，樹上有個鳥蛋，從蛋殼裡孵出一隻小鸚鵡。話說，有些鸚鵡在樹上或地面上築巢，不過這隻小鸚鵡則是生在無花果樹上一個舒適的樹洞裡。他的爸爸媽媽疼愛他，帶蟲子和雞母蟲回來給他吃。他們教他怎麼飛，怎樣在綠色的枝椏間躲避捕食者。不久，就有別的鸚鵡也過來這裡生活。這片土地很肥沃，鸚鵡們飛來飛去，採集堅果、花朵、果實、花蕾、樹籽和捕捉昆蟲，生活過得很不錯。

幾個月後，小鸚鵡的爸爸媽媽該走了。

「再見了，我的孩子。」有一天他的媽媽對他說：「我會想念你的，不過，你應該在這個世界上闖出自己的道路。你會發現這棵樹和你的朋友們都是很好的夥伴。」她用鳥喙輕輕擦撫他，接著，小鸚鵡的爸爸媽媽搧動五彩繽紛的翅膀，消失在蔚藍的天空中。

從那時候起，這隻鸚鵡就和其他鸚鵡一起生活在這棵無花果樹上。這

棵樹於每個季節都會結出美味的無花果。在炎熱的白日，無花果樹翠綠的樹葉為小鸚鵡遮風擋雨，夜裡她的樹枝為小鸚鵡提供一個安眠的地方。反過來，小鸚鵡也讓這棵樹有一種被需要和被愛的感覺。就這樣，無花果樹和小鸚鵡成了最要好的朋友。

時間一年年過去，有一年秋天，這片大地出現旱災。附近的河流乾成了涓涓細流。無花果樹開始掉葉子，春天來臨時，她長不出多汁的無花果給鸚鵡吃。其他的鸚鵡說：「這棵樹無法再提供我們需要的東西了。我們飛走吧，再找個地方住。」

但是這隻鸚鵡搖了搖頭。「我在這棵樹上出生，在這棵樹上長大。在我這一生中，這棵樹給了我需要的一切。現在她遇到了麻煩。這棵樹是我的朋友，我要留在這裡！」

「隨便你吧。」其他的鸚鵡說著，振振五彩繽紛的翅膀飛走了，捲起一

陣羽毛的旋風。

　　日子一天天過去，這棵樹變得歪歪扭扭，也乾枯了。她再也長不出翠綠的樹葉來保護鸚鵡，再也結不出多汁的無花果給鸚鵡吃。

　　「很抱歉，我的朋友，你需要的東西我再也不能給你了。」無花果樹哀傷地告訴他。

　　但鸚鵡還是繼續留下來。他會飛到河床上的細流中，啜飲一口僅存的水。他還會對著無花果樹灑點水。偶爾他會吃點隨風飄來的種籽，身體漸漸變得虛弱。但是因為無花果樹生病了，他不願意離開他的朋友。

　　鸚鵡仰望天空，大聲呼救，但是沒人過來。

　　第二天，一隻聰明的赤頸鶴飛了過來。她的脖子很長，頭和腿都是紅色的，披著一身灰色的羽毛衣，她優雅地繞著無花果樹飛翔。她往下一看，看到那隻鸚鵡棲息在這棵枯樹的枯枝上。她拍拍翅膀飛下來，安安穩

穩地落在鸚鵡身旁的樹枝。

「漂亮的鳥友，告訴我，你為什麼要待在這棵醜陋、扭曲的樹上？往北走一點的地方樹長得比較綠。跟我走吧，我為你帶路。」

「謝謝你的好意啊，赤頸鶴。」鸚鵡喃喃說道：「但是這棵樹是我多年的朋友了。我們一起經歷過美好的時光，我不會因為日子不好過就離開她。」

好了，這隻莊嚴高貴的赤頸鶴其實是觀世音菩薩化身的，觀世音是來聽取世間各種聲音的菩薩。先前她聽到了鸚鵡的呼喊，於是她就來了。鸚鵡的忠誠感動了她的心。「跟我說說吧，鸚鵡，你真正的心願是什麼？」

「我希望我的朋友能夠恢復健康和幸福，在這個願望實現之前，我一步都不會離開她。但無論如何，我都會一直陪著她！」

赤頸鶴和無花果樹都聽到了這個乞求。

「但願如此。」赤頸鶴低聲說。

「但願如此。」無花果樹低聲說。

赤頸鶴望向天空，黑雨雲開始聚集。無花果樹深入自己軀幹深處，在那裡找到一絲綠色的生命力。突然間，天空打開了，雨點轟隆隆落下。大地急急地飲下雨水。綠草開始從乾燥的土地中冒出芽來。很快地，河水滔滔，水流翻滾，魚兒順流而下，再次在奔騰的河水中嬉戲。

鸚鵡開心地笑了。無花果樹嘆了口氣，綠芽開始羞怯地從她的枝頭探出頭來。奇蹟般地，深紫色的無花果突然從樹枝上露出來，迎向天光。鸚鵡大吃一驚。「告訴我。」鸚鵡對赤頸鶴說：「這是怎麼回事？」

「你對這棵枯樹的深情刺激了她的樹根和樹枝，帶來了新的生命。天空和雨水聽到了你的呼喊，有意幫助你。困難時期到來時，你不願拋棄朋友，宇宙聽到你發自內心的願望。」

有一天會轉世為佛陀的小鸚鵡，明白了這個故事真正的含義：

恐怕沒有什麼比真正的朋友更可貴的。

獅子王與椰子樹

很久以前，在另一個時空，有一隻愚蠢的野兔。她的家在一棵椰子樹旁的空地上，這種樹有時候又被稱爲「生命之樹」，而這隻小兔子什麼都怕。太陽下山了她會怕，因爲她不知道太陽是否會再升起來。下雨了她會怕，因爲她怕雨一下就下個不停。然後有一天，她對自己說：「如果這個世界四分五裂，我會怎麼樣？！」難道你不知道嗎？就在這個時候，一顆椰子從樹上掉下來，落在她身旁的地面上，又彈了起來！

「我就知道！事情正在發生！」她喊道。「這個世界正在四分五裂！我必須警告其他的動物！」

她自負起來，感覺自己很重要，急急忙忙跑去散播消息。

首先，她來到一隻虛榮的孔雀面前，孔雀正驕傲地展示自己那身華麗的羽毛，儘管沒有人在場欣賞。當他看到野兔在小路上小步快跑，就來精神了。

「有人來了！」他的心裡一邊想著，一邊抬起頭，半閉著眼睛看向那隻

野兔。他招搖地走來走去，炫耀那身質料輕薄、色彩斑斕的羽毛衣。

但是野兔根本不關心孔雀的展示。「這個世界正在四分五裂！」

「什麼？妳是怎麼知道的？」他問。他突然覺得自己很傻，在世界末日來臨的時候炫耀自己的尾羽。他趕緊垂下尾羽，收束起來。

「我是怎麼知道的？我是怎麼知道的？因為有一小部分的世界掉下來，差點砸到我的頭！我就是這麼知道的！」

孔雀聽了印象深刻。「野兔，妳別擔心，」他說。「從這裡開始就交給我吧。」他趕緊地去散布消息，而小野兔則跑去躲起來。

不一會兒，孔雀看到小熊貓棲息在一棵高大的竹子上。「小熊貓！」孔雀叫道。「我是來警告你的，這個世界正在四分五裂！」

「你是怎麼知道的？」

「我是怎麼知道的？我是怎麼知道的？因為這個世界有一部分掉了下來，幾乎砸在野兔的頭上！我是這麼知道的！」

「謝謝你告訴我，孔雀！我會散播這個消息。」然後小熊貓搖搖擺擺離開了，孔雀則躲到灌木叢中。

不久，小熊貓看到掛在樹上的懶熊。

「這麼急幹什麼？」懶熊諷刺地問小熊貓，他是笑著說的，因為他就從未見過小熊貓形色匆匆，而他自己更不是一隻匆匆忙忙的熊。

「懶熊，這個世界正在四分五裂！」

「真的嗎？你是怎麼知道的？」懶熊問。

「野兔告訴孔雀，孔雀告訴我，現在我告訴你！」

「謝了，小熊貓。我可以幫忙。」然後他緩緩拖著笨重的腳步去散播這

個消息，由於不習慣這麼快速地移動，所以氣喘吁吁的。很快，他就看到了他的朋友狐蝠。

「狐蝠！這個世界正在四分五裂！」

「真有趣，我居然沒注意到。你為什麼這樣認為？」

「野兔告訴孔雀，孔雀告訴小熊貓，小熊貓又告訴我，現在我又告訴妳！」

「哇，這可是大新聞。我無意冒犯，不過既然我能飛，我覺得我比懶熊更適合去散播這個消息！」她二話不說，就俯衝進森林。

很快她就發現了下面的獅子王。她很怕獅子，但是這個消息太重要了，即使是獅子也不能忽視。不過，她還是確保自己是落在一根獅子搆不到的樹枝上，安全有保障。

「獅子，獅子，看上面這裡！」狐蝠在樹枝上跳來跳去，對於能夠把這個消息轉告給聰明的獅子，他感到很興奮。森林裡的動物都知道獅子擁有強大的力量、耐心和智慧。

獅子平靜地抬頭看向樹上。「啊，你好，狐蝠。你今天過得怎麼樣啊？」

「不怎麼樣！一點都不好！我是來轉告你有些可怕、十分可怕的消息！」

「哦，怎麼了？」獅子問。

「這個世界正在四分五裂！」狐蝠叫道。

獅子左看看，右看看。他又上看看，下看看。四周看了一圈。他對狐蝠說：「嗯……在我看來，一切都很好。你到底在說什麼呢，狐蝠？」

「這個嘛，這個世界有一小部分幾乎打在野兔的頭上！她告訴孔雀，孔雀又告訴小熊貓，小熊貓又告訴懶熊，懶熊告訴我，現在我又告訴你！」

獅子忍不住對狐蝠笑了。

「帶我去找懶熊。」

狐蝠照做了。

獅子對躲在巨石後的懶熊說：「帶我去找小熊貓。」

懶熊照做了。

獅子對躲在樹杈處的小熊貓說：「帶我去找孔雀。」

小熊貓照做了。

獅子對著還躲在灌木叢中的孔雀說：「帶我去找野兔。」

孔雀照做了。

所有動物都跟在獅子身後，保持敬而遠之的距離。他們走到兔子住的空地上，看到躺在地上的椰子，就圍著它站成一圈，來回看了看，互相對視。他們的目光順著細長的椰子樹幹一直看到樹頂，只見參差不齊的樹葉和椰子在微風中晃動。

野兔就躲在一棵空心樹上，瑟瑟發抖。

由於獅子既強壯又有耐心，還很有智慧，因此他也很善良。「出來吧，野兔。我不會傷害妳。我知道妳試圖拯救所有動物，警告他們將會發生一場大災難，是這樣嗎？」

能夠這樣被指出來，野兔感到很高興。她撫平自己斑剝的毛髮，坐直了些。「嗨，對啊，是這樣沒錯！謝謝你來看我，獅子。你是來幫我們的嗎？」

「是啊，我是來幫忙的，野兔。」他輕輕說：「我來幫助妳。妳的恐懼欺騙妳，讓妳以為有什麼事情正在發生，其實不然。把妳嚇壞的只是一顆掉落的椰子。而妳愚蠢的行為攪得森林裡所有的動物都感到不安。一則不實的謠言會像野火一樣傳播開來。我問妳一件事。想像一下，世界末日即將來臨。妳該怎麼做？」

野兔想了一會兒。「藏到一根空心木頭裡？」她說。

「不對。」獅子說：「妳應該停止胡思亂想！」

說來也奇怪，由於野兔鼓起勇氣來面對最凶猛的野獸，她不再感到那麼害怕了。有一天會轉世為佛陀的獅子王，教會野兔和森林裡的動物一件事，他們會永遠記住：

我們害怕的事大都不會發生！

瞪羚與奇樹

很久以前，在另一個時空，住著一隻瞪羚，瞪羚是羚羊的一種。這種優雅但膽小的動物特別喜歡一種日本柿樹，這種樹結出的果實看起來很像一般的柿子。它的果實是夕陽的顏色，又像蜂蜜一樣甜。瞪羚以林中的果實為生，最喜歡的就是這棵樹上掉下來的果子；這種果實一成熟，甜美多汁。瞪羚和柿子樹已經當了很久的朋友。

話說，那座森林裡住著一個獵人，他帶著弓箭在這片土地上游蕩，尋找可以獵殺的動物。然而，這個獵人不只是獵殺動物來餵飽自己而已，這件事情讓人無法理解。事實上，他以獵殺為樂。為什麼會有人喜歡誘騙弱小的生物，這是個謎。反正這個獵人就是這個樣子。他會躲在樹上，等著動物來吃果子，然後趁動物安靜地吃著掉在地上的果子時，瞄準並一箭射穿牠們。

在一個天氣晴朗的春日，瞪羚想要吃一頓美味的大餐。

「該去拜訪我的朋友日本柿樹了！看來，今天正是適合我去吃果子。不

知道地上是否有成熟的果子。」

　　獵人在幾天前就在遠處見過瞪羚了，他已經準備好要拿下她。他在地上放了許多水果，引誘她來大吃一頓。然後他爬到樹枝上藏好身，等待著。

　　「我的朋友，來吃頓美味的早餐吧。」他低聲輕笑道。「然後我也會有一頓豐盛的早餐！」

　　不過我們這隻瞪羚很聰明。她向著那棵樹小跑過去，走到一半又停下腳步。她看到地上躺著那麼多果子，心想：「這就奇怪了。通常地上只會有幾顆日本柿，今天卻有很多。我不明白為什麼其他動物沒有過來這裡將果子吃掉。我的媽媽非常聰明，她總是告誡我，如果有什麼事看起來好得不像是真的，那麼這件事很可能就不是真的！」

她翹起頭，嗅了嗅春風的氣息。沒想到空氣中有些不一樣的東西。會是人類的氣息嗎？

　　獵人透過日本柿樹的樹葉，看到瞪羚在遠處停了下來。他生氣了，變得不耐煩。「是什麼事阻止了她？我得試試別的辦法。」

　　獵人把手伸進樹枝叢中，摘下幾顆果子，開始朝瞪羚扔過去，引誘她靠近些。

　　這讓瞪羚不禁笑了。「親愛的日本柿樹，」她叫道：「我們是多年的朋友了。通常，你一次落下一顆果子給我，我總是感謝你的慷慨大方。但是你從未像今天這樣把你的果子扔給我。不對，你今天表現得不像我的好朋友。你的行為就像一個鬼鬼祟祟的獵人！」

　　獵人非常生氣，氣到失去平衡，從樹上滾下來，落地時痛苦地叫出聲來。

　　「日本柿樹，我的朋友，我看到你有同伴。下次我再來看你！」瞪羚小跑著離開，會心地笑了笑。她去拜訪了其他動物，警告他們獵人的存在。所有動物都互相幫忙以保障安全，只要獵人帶著弓箭一靠近，他們都會彼此通知。

　　餓了好幾天後，獵人開始吃起長在森林裡的水果、堅果和種籽。這些東西是多麼美味啊！他明白了，他不需要靠殺生才能活下去。森林裡的樹木善良而大方地給了他需要的一切，不求任何回報。他放下弓箭，偶爾和瞪羚在日本柿樹下碰面，分食果子，東聊西聊。

由於獵人不再獵殺動物，有一天將會轉世爲佛陀的瞪羚不再怕獵人了。獵人現在找的是水果和堅果。

瞪羚的朋友獵人向她證明了這點：

任何人都能學會向他人敞開心扉。

榕樹上的頑皮猴

很久以前，在另一個時空，有一群快樂的猴子生活在一棵榕樹上。這棵榕樹很神奇，它從枝幹長出氣根，一路往下長入土壤中，看起來就像樹幹一樣。因此，儘管這只是一棵樹，看起來卻像一片樹林。住在這棵榕樹上的猴子們過得很滿足，在樹枝之間盪來盪去，吃著榕樹大方供應的美味多汁的隱花果。

但是，有一隻小猴子總覺得不滿足。她喜歡隱花果，但是她還喜歡閃閃發亮的東西。只要有人走過樹林，她都會留心觀察，看看他們是否掉了些色彩鮮艷的東西在地上。就這樣，她在屬於她那部分的小樹洞裡，收藏了一只小鈴鐺、一條絲巾、一把銀勺子和一塊碎玻璃。

剛好有一天，有位公主和隨從在前去附近池塘的路上，漫步來到這棵榕樹下。他們說說笑笑，沒注意到有隻好奇的猴子在頭頂的樹枝之間盪著，跟著他們來到了池塘邊，一心希望他們在路上掉點東西。

猴子看著公主和她的朋友們在池塘邊鋪上編織的草蓆，享用一頓野餐

當午餐。然後他們脫下長袍，露出裡面的絲質浴衣。當公主摘下她的珍珠項鏈，掛到榕樹的小枝條上，猴子的眼睛一亮。

趁著公主和她的朋友們在清涼的水中嬉笑戲水，猴子悄悄爬下來，抓起掛在樹枝上的項鏈，迅速消失在榕樹茂密的樹葉中。她把項鏈套在頭上，匆匆忙忙跑到她的樹洞，欣賞著玻璃碎片裡的自己。然後她把項鏈和其他寶物藏在一起，以免其他猴子看到會嫉妒。當公主回到池岸上，先穿上了長袍，再去取掛在樹枝上的珍珠項鏈。

「我的珍珠項鏈不見了！」她喊道。她的朋友們趕忙陪著她到處尋找珍珠項鏈。「一定是有人在我們玩水的時候把它拿走了！」

這群人匆匆趕回皇宮，公主將事情的經過告訴國王。

「帶我過去看看項鏈消失的地方。」國王身邊最聰明的策士吩咐道。公主把他帶到池塘邊。這個策士的觀察力很敏銳，他從眼角餘光中，看到一雙明亮的眼睛，是那隻好奇的猴子在樹上看著他的一舉一動。策士知道猴子喜歡閃閃發亮的東西，於是綜合情況作出推斷。他的口袋裡有幾顆玻璃珠子，於是他和公主走回皇宮時，把玻璃珠丟在小路上，這邊丟一顆那邊丟一顆。

果然不出所料，猴子忍不住跟在他們後面，一邊走一邊撿起漂亮的玻璃珠子。策士穿過一道道宮門後，又轉回頭來跟著猴子。他看著小猴子蹦蹦跳跳跑回她住的樹枝上。撿到了幾顆亮閃閃的珠子，猴子特別興奮，沒注意到策士跟蹤她。她來到屬於她的樹洞，把玻璃珠子藏在那裡。這時候策士已經很清楚，在哪裡可以找到那條珍珠項鏈。

第二天，策士帶著公主回到榕樹林裡，站在那隻猴子住的樹枝下。

　　公主哭了起來。「我不敢相信自己會丟了

最寶貴的財產。」她大聲說著，好讓猴子聽到。「父親在我二十一歲

生日那天把那條珍珠項鏈給了我。」

　　「妳是怎麼弄丟的？」策士問道。

　　「唉，這都是我的錯。我粗心大意把它掛在這棵榕樹的樹枝上，然後就

不見了。如果找不到它，我肯定會心碎。」

　　「我敢說，如果有人拿走它，又知道它對妳有多重要，就一定會把它還

給妳。」聰明的策士說。這位策士有一天將會轉世為佛陀。「只要是有心人

都不會看著妳心碎。」

過了一會兒，猴子羞怯地從榕樹的樹幹上爬下來，手裡抓著那條珍珠項鏈。「是我拿了妳的項鏈。妳能原諒我嗎？」

　　心地善良的公主說：「我也不是一直都不會犯錯。我打從心底感激妳能承認錯誤，歸還我珍視的項鏈。我原諒妳。」

　　猴子低頭鞠了一個躬。「謝謝妳。」她喃喃說道。

　　「如果妳把在小路上撿到後藏到榕樹上的那些玻璃珠子拿來給我，我就幫妳把珠子串成一條漂亮的項鏈！」

　　說完這話，猴子、策士和公主都笑了又笑。他們意識到一件非常重要的事：

　　　　　　　我們都會犯錯。

　　　　　如果想要得到別人的寬恕，

　　　　難道不該主動寬恕別人嗎？

林中的女智者

很久以前，在另一個時空，有一位國王和三個大臣正在享用一位小姑娘端上來的茶。他們坐在皇宮御花園一棵無憂樹長長的樹蔭下。樹上開著令人賞心悅目的紅色和黃色花朵，樹長得又高，讓他們免於直曬正午的太陽。這棵樹又叫做「幸福之樹」，因為這棵樹的每個部位都可以用來改善人類的健康和幸福。事實上，他們喝的茶就是出自這棵樹。他們的心情都很好，因為這個王國既安定、富足又太平；人與人之間以慈心與禮相待；天下一片安好。

「我為我們的王國感到驕傲。」國王喝著茶說。「就讓它成為其他國家的模範。我們肯定是世界上最幸福的民族。」他謙虛地補充道：「當然，一個王國如果沒有像我這樣明智的統治者，不可能像我們這樣繁榮。」

聽到這裡，皇家財務官的臉有點紅了。「不好意思。但如果沒有我仔細管理錢財，我們肯定不會像現在這樣舒心愉快。」

國王的將軍不得不反對。他用力放下茶杯。「請原諒我。」他語帶輕蔑

49

地打斷道：「如果沒我保護我們的邊界，維持軍隊的秩序，我們都會提心吊膽地躲在床底下！」

這話就讓衛生與幸福部部長不高興了。「先生，」她咬著牙說：「可否容我提醒你，我才是負責國人健康和幸福的人？我的頭銜就是這麼說的！」

就這樣，國王和大臣們開始紛紛議論起來，用憤怒的語氣大聲爭論這個王國的安定與和平最應該歸功於誰。小姑娘看著這些大人們大聲爭論著是誰讓這個國家如此幸福與和平的愚蠢行為，忍不住笑了。她放下茶壺，清了清喉嚨。

「打擾一下。」她說。她的口氣如此平靜有禮，其他人聽了立即轉向她，為自己的行為感到不好意思。「如果你們允許，請讓我帶你們去見森林裡的女智者。我想她可以一次就徹底為你們解決這個問題。也許到那時候一切就可以恢復正常了。」

國王和他的大臣同意這是一個好主意，準備前去拜訪。然而，他們習慣舒舒服服地坐在有軟墊的椅子上，談論偉大的想法，而不是在林中行走。他們笨拙地走過倒下的木頭和奔流的小溪。當他們身上精細的衣服被荊棘和樹枝鉤住，一個個自怨自艾。

但是當他們踏入林中的一塊空地，他們就不再抱怨了。他們看到那裡有一棵宏偉的漆樹，在它旁邊有一棟簡陋的小屋。有個女人從小屋裡走出來，向他們鞠躬。

誰也不知道她叫什麼名字，又是從哪裡來，但她似乎是從天地之初就一直住在那裡。她那張古老的臉對著他們露出笑容，就像一束陽光，她的

50

眼睛裡閃爍著慈祥和喜悅的光芒。她不說一句話，指著一個非常奇怪的景象：一隻大象上面有一隻鷲，鷲身上有一隻猴子，猴子上面有一隻太陽鳥，彼此互相分享著漆樹甜美的果實。

「你們不會相信我，但是在過去的歷史歲月中，這四個朋友曾經像你們一樣爭吵過！」她對那四隻動物說：「請吧，將你們的故事說給他們聽。」

「好吧。」大象開始說：「有一天，我們為了誰才是這棵樹的主人發生爭執。我用象鼻長期幫它澆水，所以它今天才長得這麼高、這麼壯。因此，我認為我是這棵樹的主人。」

「而我說，」鷲說：「我才是這棵樹的主人，因為我在它還是幼苗的時候，拔掉會扼殺它、對它構成威脅的雜草。」

「而我呢，」猴子說：「我說我才是主人，因為我替它站崗，保護它不被森林裡的動物吃掉，否則它可能在成長的過程中就被吃掉了。」

「然後我就說話了。」太陽鳥說：「我提醒我的朋友們，很久以前，我親手種下這棵樹的種籽。我把種籽藏在我的臉頰裡，從一個遙遠的地方飛

到這裡來。我用鳥喙挖了一個坑，把種籽放入土中讓它生長。要不是我，這棵樹根本不會在這裡，顯然我才是這棵樹的主人。」

有一天將會轉世爲佛陀的林中女智者，對著她的客人微笑。「很明顯，如果沒有太陽鳥種下種籽，永遠不可能長出這棵樹。但是如果沒有大象、猴子和鱉的忠誠與照顧，你們今天也不會站在這棵樹下。他們都盡了自己的責任，也都爲自己的幸福、這棵無憂樹的幸福，以及彼此的幸福，盡了一份心力。

「你們每個人都盡了自己的責任，爲你們的王國帶來幸福。對你們個人有利的，也會對所有人有利。」她對國王和他的三個大臣說：「也許確保幸福和分享幸福最好的方法，就是希望別人和自己一樣幸福。」然後她就用這個祝福送走了他們：

願眾生幸福；願他們都能喜樂且平安。*

---

*作者注：「願眾生幸福，願他們都能喜樂且平安。」這句話出自《慈經》，或稱《慈心禪》，是一部佛教經典。

猴子王與芒果樹

很久以前，在另一個時空，有一位大君，大君是個富有的國王。他曾經夢想過成爲偉大而高貴的領袖，但是多年下來，豐足的食物、懶散的日子和奢華的環境把他養壞了，使他變成一個軟弱的人。他周遭的每個人都會迎合他一時興起的念頭，沒有人有膽量對他說「不！」或是「夠了！」。

有一天，他的僕人在河裡幫他洗澡的時候——他早就連自己動手做這種最簡單的事都忘了——水面上漂來一顆奇怪的水果。他把那東西抓起來，驚奇地看著它。它的顏色黃得像檸檬，綠得像萊姆，橙得像橘子，形狀則像個小甜瓜，但它又不是這些東西。他將絲質浴衣圍在身上，站到河岸上。

「這是什麼水果呢？」他問道。他的僕人一個個看過這個水果，誰也不知道它的名字。

「我們把它帶去園丁長那裡。也許他會知道。」有個僕人提議道。

55

他們在園子裡找到了老園丁，他跪在色彩繽紛的玫瑰花叢旁。大君把這顆奇怪的水果遞給他。

　　「喲，這是一種罕見的芒果。」園丁一邊說著，一邊拿在手裡轉了轉，陽光照在金色的果實上閃閃發光。

　　這位大君老是擔心有一天會有人試圖毒殺他，所以他從腰帶上取下一把小刀，切下一小塊芒果，遞給園丁嚐嚐。園丁驚呼：「這比我嚐過的任何東西都要甜，都要多汁！」

　　大君的嘴雖然在流口水，但他還是不敢親自嚐一嚐這個水果，所以他分給手下每人一小塊。他們互相低語，一致認為這是他們在這個世界上從未享用過的美味。

　　既然大家吃了這種水果都沒覺得不舒服，大君小心翼翼地嚐了一小片。它是這麼好吃，有許多層次的甜味，他理所當然地馬上還想再吃。但是出於恐懼，他把大半個芒果都切開來分了出去。

　　「哪裡可以再找到一個呢？」他問園丁。

　　「我這一生中只見過一顆這樣的芒果。你可以在一個山谷裡找到，在很遠很遠的上游地方，就在河岸邊一棵長得很好的老樹上。」這個老人說。

　　第二天，大君和他的手下準備往河的上游去。僕人們穿好衣服和涼鞋準備好要出發了，但是這個被慣壞了的大君卻讓他的手下收拾許多包衣服和食物帶在身邊，這樣他就隨時都有新衣服穿，有美味和稀奇的東西吃。第二天早上，他們出發了，分乘六條船逆流而上，每條船上都有兩個僕人在划槳。園丁長也來了，他一心想著要為大君指認那棵樹。

　　終於，在第三天晚上，園丁長喊道：「在那裡！」

很快地，人們爭先恐後地下船，扶著大君站起身，這樣他們都能站到那棵高大的芒果樹下。芒果樹的老根彎彎曲曲深深扎入森林的地表，樹枝向上伸展，一大片寬闊的綠葉形成一大片樹蔭，遮蔽了天空。

一顆顆掛在樹上的正是芒果，就像許多珍貴的珠寶一樣，與大君從河邊摘下來那顆一樣。大君渴望再嘗嘗這種天堂般美妙滋味的水果，但是天色已經開始暗了。他的手下經過長途跋涉已經疲憊不堪，而芒果又掛得很高，所以他們必須等到日出以後再說。大君命令兩個手下帶著弓箭守著這棵樹，這樣才不會有人在天亮之前偷走這種神奇的水果。他嚴厲警告自己的手下，只要他們膽敢想要去碰那水果，麻煩可就大了。

僕從們卸下船上的東西，用長絲巾鋪在竹竿上，為大君搭了一處臨時住宿。他們自己則以柔軟的林地為床，很快就睡著了。

但是沒過多久，這些人就被一群調皮猴子發出的尖叫聲和嘰嘰喳喳聲吵醒了，這群猴子就生活在那片森林裡。猴子的首領帶著他們來到這棵樹，準備飽餐一頓這種稀有的芒果。大君被這些噪音吵醒了，迅速從床鋪上爬起來，看到在滿月的月光照耀下，身手靈活的猴子們在樹枝間跳來跳去。一群猴子竟然敢偷吃這些水果，這使他非常生氣，他認為這些水果只屬於他！他命令皇家弓箭手包圍這棵樹。弓箭手拉開了弓。他們的箭在月光下閃閃發亮，瞄準那些受驚的猴子。

猴王看出來逃跑的機會只有一個。他迅速抓起一根藤蔓，綁在腰上。他毫不畏懼地縱身躍入黑暗之中，雙手緊緊抓住旁邊那棵樹的樹枝，用他瘦小的身體搭成一座橋。其他的猴子嚇得又哭又叫，跌跌撞撞，爭先恐後，互相踩踏。牠們踩著首領伸長的身體，跳到隔壁那棵樹的樹枝上，再

躍入周遭那片樹林暗黑的樹冠上，消失在其中。

　　大君透過樹葉間隙驚奇地仰頭看著，站在樹下的他身體一僵。他突然為了讓大家先嘗他的食物，還讓大家手腳並用地伺候他而感到羞愧。他覺得穿著精美長袍與精緻刺繡拖鞋的自己很渺小。他想到自己曾經夢想成為那樣一個睿智而善良的領袖。這隻勇敢的小猴子似乎絲毫不在意自己的安危，比他還更像一個君王。猴王冒著自己的生命危險，理應享受安全待遇。

　　「住手！」大君命令他的手下，手下們四下一看，驚訝地放下弓箭。「下來吧！」他對猴子的首領叫道。「我不會傷害你。」

猴王自行鬆綁，動作緩慢地下到地面上，因為猴群從他身上踩過去，造成他身上有許多傷口和瘀青。他的傷口經過清洗和處理後，被請到由一條繡工精美的披肩所搭成的軟兜上休息。大君從掉在地上的優質芒果中選了一顆，他取出刀子將水果切成片，放到一個金碗裡給猴王吃，然後他才想到自己還沒嘗一嘗。猴王也拿了一片獻給大君，然後他們倆默默地享受那甜美的滋味。

　　當猴王洗乾淨，吃飽了，休息過後，大君輕聲說：「告訴我，你怎麼能夠為了別人的生命，如此勇敢地不顧自己的生命呢？」

　　猴王，也就是未來的佛陀，簡單回答道：「我是他們的王。如果我不願意用自己的生命去保護他們，他們怎會尊崇我，敬重我呢？」

第二天早上，猴王和大君互道再見，鄭重地互相鞠躬。猴王帶著猴子們回去位於高高樹上的家，大君的手下則開始採集大筐大筐珍貴的芒果。不過，大君吩咐他們要留下夠多的芒果在樹上，給森林裡的這群猴子和別的動物吃。然後，這些人裝好他們的小船，很快就順流而下，往家的方向去了。

　　大君永遠不會忘記這位勇敢的猴王。他把這句話刻在皇宮幾扇大門上，作為他繼續帶領人民的準則：

　　　　關心他人的人才是可敬的。

感謝詞

　　謹以無限感激將〈林鵰拯救桃花心木林〉這個故事獻給我的老師卡茨（Eijun Linda Ruth Cutts）。感謝我的朋友和家人，在我生命中的每一個日子，慷慨給我愛與支持。我要向這些年來我教過的數百名兒童，深深一鞠躬。他們教會我，如何打開自己的內心和思維，如何享受當下。感謝舊金山禪修中心（San Francisco Zen Center）與舊金山學校（San Francisco School）為我提供一個教學相長的場所。最後，非常感謝香巴拉出版社（Shambhala Publications）對這個計畫到成書為止所提供的指導。

　　還有不離不棄的大衛。

　　願眾生幸福；願眾生喜樂，活在平安之中。

故事中出現的動物

亞洲象（學名：亞洲象 *Elephas maximus*）

亞洲象是亞洲最大的陸地哺乳動物，牠們生活在印度的草原和森林裡。和人類、猿類和海豚一樣，大象也擁有發達的大腦。已知牠們會使用工具、表現出同情心，還會表達悲痛。牠們的記憶力絕佳。

亞洲獅（學名：亞洲獅 *Panthera leo persica*）

自二〇一〇年以來，印度的獅子數量一直在增加，野生的獅子就有六百五十頭。毛色從淺棕色到土黃色或灰色不一，雄獅的鬃毛比非洲獅短。雄獅和雌獅往往分居。牠們以獵殺野豬、瞪羚、羚羊等動物爲生。

瞪羚

（學名：印度瞪羚 *Gazella bennettii*）

瞪羚也稱印度瞪羚，皮毛光滑，腹部為白色，臉上有深栗色條紋。瞪羚生性膽小害羞，躲避人群。印度自一九七二年起禁止狩獵，如今牠們受到更多保護。

狐蝠（學名：印度狐蝠 *Pteropus medius*）

印度狐蝠根本不是狐狸，而是一種蝙蝠，以成熟的水果如芒果和香蕉為食。牠會幫水果和花朵授粉。牠是印度最大的蝙蝠，也是世界上最大型的蝙蝠之一。印度狐蝠背部一般都是黑色，上面有灰色條紋，頭部則是棕色的，牠喜歡在樹枝上築巢。

印度野兔

（學名：印度野兔 *Lepus nigricollis*）

印度野兔也稱黑枕野兔。野兔與家兔不
同，家兔是由英國人引進印度的。野兔的
體型比家兔大，耳朵和腿也都比家兔長。家兔
的毛一年四季都是同樣的顏色，但是野兔的毛
夏天是棕色或灰色，到了冬天就會變成白色。
家兔喜歡群居，野兔則喜歡獨來獨往。

林鵂（學名：林斑小鵂 *Athene blewitti*）

林鵂生活在印度的森林中。牠的體型小而粗壯，冠部
沒有斑點，翅膀和尾羽上有條紋。林鵂棲息在樹上，
坐著等候獵物出現再獵殺。牠會發出許多種不同的叫
聲和鳴唱，視力非常敏銳。

孔雀（學名：藍孔雀 *Pavo cristatus*）

孔雀是印度國鳥。雄孔雀的羽毛色彩鮮艷，拖著長長的尾羽，上面的圖案看起來像眼睛。雌鳥的羽毛是棕色，不如雄鳥鮮豔。孔雀主要生活在地面上，不過一旦受到威脅，也可以飛到樹頂上。牠們發出響亮的叫聲時，表示可能有捕食者出現。牠們吃漿果和穀物，也會以小型爬蟲類和囓齒動物為食。

猴科：長尾葉猴

（學名：長尾葉猴 *Semnopithecus entellus*）

長尾葉猴又名長尾猴，或哈奴曼神猴。長尾葉猴的體毛是灰色的，臉部和耳朵則是黑色。有著可以捲向臉的長尾巴。長尾葉猴習慣用四隻腳行走，一半的時間生活在地上，一半的時間在樹上，睡在最高處的樹枝上。母猴會長距離移動、休息，為彼此理毛，結伴尋找食物，照顧彼此的幼崽。長尾葉猴靠著發出哼聲、吼聲、嚎聲、呼聲和嗝聲溝通。

小熊貓
（學名：喜馬拉雅小熊貓 *Ailurus fulgens*）

小熊貓的皮毛是紅褐色，尾巴長而蓬鬆。牠的前肢較短，所以走起路來搖擺蹣跚。牠的體型和家貓差不多大，也會像貓一樣自己清理毛髮。小熊貓主要吃竹子，也會吃蛋、鳥類和昆蟲。牠生活在森林裡，會攤開身體睡在樹枝上。

玫瑰環鸚鵡
（學名：紅領綠鸚鵡 *Psittacula krameri*）

這種體型中等的鸚鵡生活在印度各地。雄鳥有一圈紅色和黑色的頸環，母鳥有一圈深灰色頸環，或是沒有頸環。身體是鮮綠色，叫聲響亮而刺耳，還能模仿人類說話。鸚鵡吃花蕾、水果、種籽、堅果和漿果。

印度鶴

（學名：赤頸鶴 *Grus antigone*）

印度鶴是一種灰色的大型鳥，頭部和
腿部都是紅色。雄鳥有一套求偶儀式，他
會發出喇叭聲的鳴叫、跳躍並跳舞來吸引配偶。赤頸
鶴一生只有一個伴侶，配偶死亡時還會哀悼。牠們在
溼地上覓食，以植物和貝類為生，飛行時非常漂亮。

懶熊（學名：懶熊 *Melursus ursinus*）

懶熊原生於印度，以水果、螞蟻和白蟻為食。懶熊的
下唇很長，用來吸食昆蟲。懶熊的毛是黑色的，長而
蓬鬆，臉部周圍長有深色的鬃毛，爪子長
而鋒利。牠們走起路來很慢，是
以拍打的方式行走，但實際上
跑得比人類還快。懶熊經常
成對出行。公熊對幼崽的
態度很溫和。母熊會把幼
崽抱上樹以保護牠們，避
免被食肉動物吃掉。

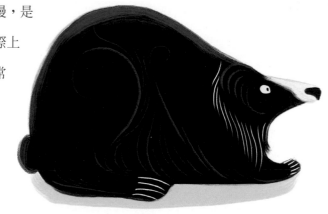

太陽鳥

（學名：紫腰花蜜鳥 *Leptocoma zeylonica*）

太陽鳥的體型小，主要以花蜜為食，有時也會
吃昆蟲。雌鳥用植物纖維、蜘蛛網、樹皮和地衣
在樹上築巢；還會用柔軟的纖維，如毛茸茸的種籽外
皮鋪在巢內。太陽鳥喜歡在大型葉片上聚集的雨滴
裡沐浴。

鱉科：印度箱鱉（學名：緣板鱉 *Lissemys punctata*）

這種淡水鱉長有皮瓣，當牠的四肢縮回甲殼內，這層皮瓣就會蓋上去以保護
自己。牠的吻部短而厚實，腳爪又大又壯。牠喜歡吃青蛙、魚等水生動物。
在陸地上，則喜食植物、樹葉和花草。母鱉每年產兩到三次卵，牠們會將鱉
卵埋在地裡，以保護卵不被食肉動物吃掉。

作者簡介

蘿拉・柏吉斯 Laura Burges（Ryuko Eitai）

佛教禪宗曹洞宗教師，在家人。她在舊金山禪修中心和北加州等地的修行場所講學、授課並帶領閉關。她是奧克蘭雷諾克斯之家（Lenox House）禪修小組的常任教師。過去三十五年她教的都是小孩，現在則指導其他教師。

插畫家簡介

索娜莉・卓拉 Sonali Zohra

印度邦加羅爾的插畫家。她學的是美術與攝影，並取得設計方面的碩士學位。作品靈感來自她對自然、歷史、神話、哲學和靈性的熱愛，並結合她所學的專業。過去這些年來，她為兒童讀物繪製插畫，作品也多次獲獎。作品隨著她的經歷不斷演變和成長，她深深享受這樣的學習過程。

譯者簡介

李瓊絲

文字工作者，淡江大學英文系畢業，威斯康辛大學新聞大傳所碩士。

從小編到老編，一路走來，編過雜誌做過書。從文學類到生活類到身心靈書籍，已經從憂鬱青年走過哀樂中年，跨入追求慢活的初老。

願與書同老，活到老學到老。

BUDDHIST STORIES FOR KIDS: Jataka Tales of Kindness, Friendship, and Forgiveness by Laura Burges and Illustrated by Sonali Zohra
© 2022 by Laura Burges, Illustrations © 2022 Sonali Zohra
Published by arrangement with Shambhala Publications, Inc.,
2129 13th St, Boulder, CO 80302, USA,
www.shambhala.com through Bardon-Chinese Media Agency
Complex Chinese translation copyright © 2024
by Oak Tree Publishing Publications, a division of Cite Publishing Ltd.
ALL RIGHTS RESERVED

鹿王系列　JE0002

佛陀的前世故事：與大自然、動物一起學習仁慈、友愛和寬恕
Buddhist Stories for Kids：Jataka Tales of Kindness, Friendship, and Forgiveness

作　　　者／蘿拉·柏吉斯（Laura Burges）
繪　　　圖／索娜莉·卓拉（Sonali Zohra）
譯　　　者／李瓊絲
責 任 編 輯／陳芊卉
業　　　務／顏宏紋

總　編　輯／張嘉芳
出　　　版／橡樹林文化
　　　　　　城邦文化事業股份有限公司
　　　　　　104 台北市民生東路二段 141 號 5 樓
　　　　　　電話：(02)2500-7696 ext2738　傳眞：(02)2500-1951
發　　　行／英屬蓋曼群島商家庭傳媒股份有限公司城邦分公司
　　　　　　104 台北市中山區民生東路二段 141 號 5 樓
　　　　　　客服服務專線：(02)25007718；25001991
　　　　　　24 小時傳眞專線：(02)25001990；25001991
　　　　　　服務時間：週一至週五上午 09:30 ～ 12:00；下午 13:30 ～ 17:00
　　　　　　劃撥帳號：19863813　戶名：書虫股份有限公司
　　　　　　讀者服務信箱：service@readingclub.com.tw
香港發行所／城邦（香港）出版集團有限公司
　　　　　　香港灣仔駱克道 193 號東超商業中心 1 樓
　　　　　　電話：(852)25086231　傳眞：(852)25789337
　　　　　　Email：hkcite@biznetvigator.com
馬新發行所／城邦（馬新）出版集團【Cité (M) Sdn.Bhd. (458372 U)】
　　　　　　41, Jalan Radin Anum, Bandar Baru Sri Petaling, 57000 Kuala Lumpur, Malaysia.
　　　　　　電話：(603)90563833　傳眞：(603)90576622
　　　　　　Email：services@cite.my

內文排版／歐陽碧智
封面設計／兩棵酸梅
印　　刷／韋懋實業有限公司

初版一刷／ 2024 年 1 月
ISBN ／ 978-626-7219-73-7
定價／ 600 元

城邦讀書花園
www.cite.com.tw

版權所有·翻印必究（Printed in Taiwan）
缺頁或破損請寄回更換

國家圖書館出版品預行編目（CIP）資料

佛陀的前世故事：與大自然、動物一起學習仁慈、友愛和
寬恕／蘿拉·柏吉斯（Laura Burges）著；索娜莉·卓拉
（Sonali Zohra）繪；李瓊絲譯 . -- 初版 . -- 臺北市：橡樹
林文化，城邦文化事業股份有限公司出版：英屬蓋曼群島
商家庭傳媒股份有限公司城邦分公司發行，2023.12
　　面：　　公分 . --（鹿王系列；JE0002）
譯自：Buddhist stories for kids : Jataka tales of kindness,
　　　friendship, and forgiveness
ISBN 978-626-7219-73-7（精裝）

224.515　　　　　　　　　　　　　　　　112017799

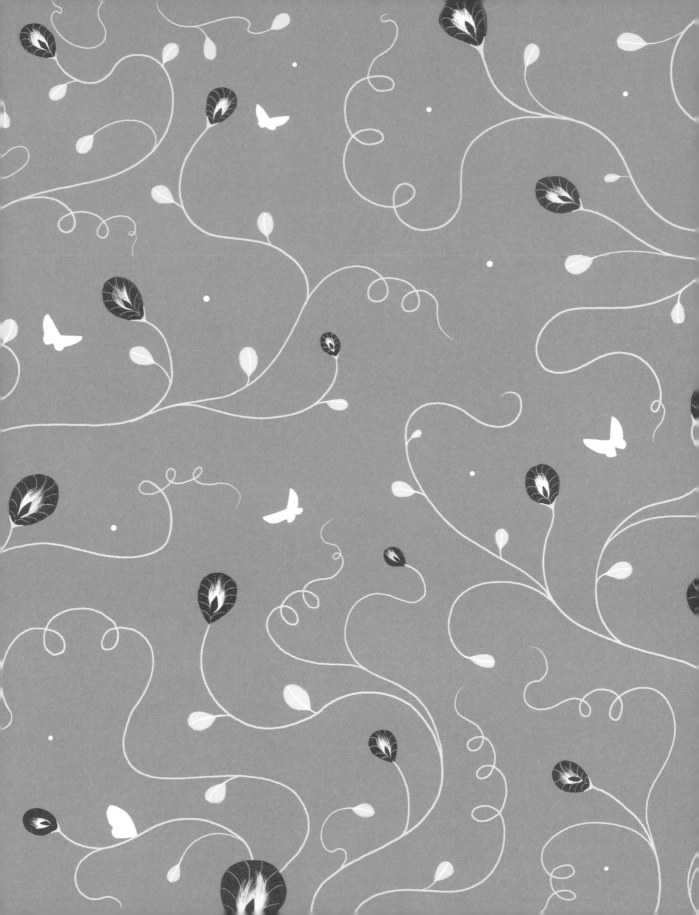